Einstern

Mathematik für Grundschulkinder

2

Themenheft 5

Größen und Messen
Geld, Zeit, Längen
Sachsituationen

Daten und Zufall

Erarbeitet von
Roland Bauer
Jutta Maurach

In Zusammenarbeit
mit der
Cornelsen Redaktion
Grundschule

Cornelsen

Einstern 2

Mathematik für Grundschulkinder
Themenheft 5

Größen und Messen
Geld, Zeit, Längen
Sachsituationen

Daten und Zufall

Erarbeitet von: Roland Bauer, Jutta Maurach

unter Beratung von: Meike Erben, Claudia Wendl (Straubing);
Andrea Heindl, Mechtild Schmidt, Tanja Trompetter (Hof);
Andrea Koch, Ulrike Schmucker (Schrobenhausen);
Evelyn Leipold, Katrin Mayer (Bruckmühl-Heufeld);
Anissa Marino, Elke Weidl (Bayreuth);
Claudia Lihring, Alexandra Parzefall (Bach a. d. Donau)

Redaktion: Peter Groß, Anja Augustin, Uwe Kugenbuch, Friederike Thomas

Layout und technische Umsetzung: lernsatz.de

Illustration: Yo Rühmer

Umschlaggestaltung: Ulrike Kuhr

Pflichtseiten

Wahlseiten

Handlungshinweis

besprechen mit einem Partner

besprechen in der Gruppe
Weitere Hinweise für die Lehrkraft befinden sich auf der hinteren (inneren) Umschlagseite.

Aufgaben mit unterschiedlichen Anforderungsniveaus:
1 ausrechnen, ausführen, wiedergeben
d) Teilaufgabe mit erhöhter Anforderung
1 erkennen, fortsetzen, anwenden
1 Lösungswege selbst entwickeln, darstellen, begründen und übertragen

→ AH Seite … Hinweis auf die passende Seite im Arbeitsheft

Aufgaben, die du in deinem Heft löst

www.cornelsen.de

1. Auflage, 1. Druck 2014

Alle Drucke dieser Auflage sind inhaltlich unverändert
und können im Unterricht nebeneinander verwendet werden.

Druck: Himmer AG, Augsburg

ISBN 978-3-06-083463-1

PEFC zertifiziert
Dieses Produkt stammt aus nachhaltig bewirtschafteten Wäldern und kontrollierten Quellen.
www.pefc.de
PEFC/04-31-1549

Bildnachweis

5, 6, 8, 9, 12 Quelle: Deutsche Bundesbank

Inhaltsverzeichnis

*zum Lernbereich „Zahlen und Operationen“

… und ich helfe dir:

verstehen

denken

merken

erkennen

schreiben

Scheine und Münzen bezeichnen

1 Suche dir ein anderes Kind. Zeigt euch gegenseitig im Wechsel die Scheine und Münzen und nennt ihren Wert.

2 Schreibe zu den Scheinen den Wert in Worten und abgekürzt auf.

a) 

b) 

Seite 5 Aufgabe 2
a) 5 Euro, 5 € b) …

c) 

d) 

e) 

3 Schreibe zu den Münzen den Wert in Worten und abgekürzt auf.

a) 

b) 

Seite 5 Aufgabe 3
a) 2 Euro, 2 € b) …

c) 

d) 

e) 

f) 

g) 

h) 

* verwenden die Einheiten Euro und Cent für Geldwerte

Geldbeträge bestimmen

1 Bestimme, wie viel Geld die Kinder in ihren Sparschweinen haben.

a) 
Anne

b) 
Patrick

c) 
Ole

d) 
Maja

Seite 6 Aufgabe 1
a) 37 € 70 ct
b) ...

2 Zeichne Sparschweine mit folgenden Beträgen:

a) 53 € 10 ct
b) 42 € 70 ct
c) 64 € 25 ct
d) 88 € 65 ct
e) ■ €

Seite 6 Aufgabe 2
a) 

b) ...

3 Finde passende Scheine und Münzen.

a) 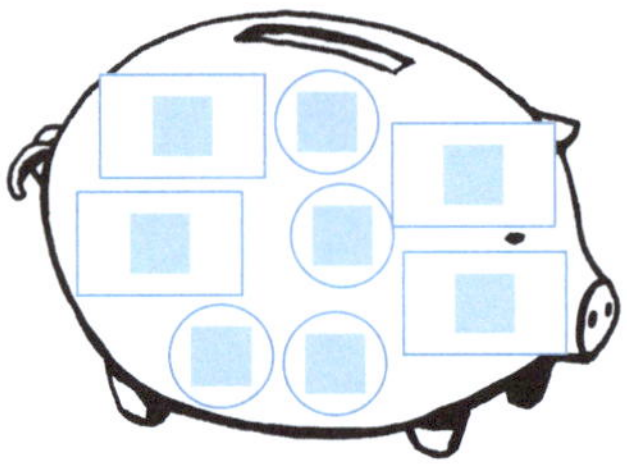
45 € 10 ct

b) 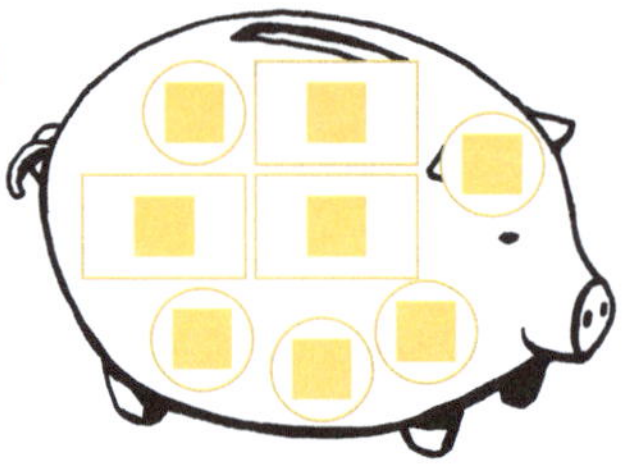
34 € 25 ct

Seite 6 Aufgabe 3
a) 20 €, 10 €, 5 €, 5 €,
2 €, 2 €, 1 €, 10 ct
b) ...

* stellen Größenangaben in gemischter Schreibweise dar
* übertragen eine Darstellung in eine andere
* probieren zielorientiert und nutzen Einsichten in Zusammenhänge zur Problemlösung

1 € mit verschiedenen Münzen zusammenstellen

1 Stelle mit Cent-Münzen den Betrag von einem Euro zusammen.
Schreibe auf, wie viele Münzen du benötigst.
Du kannst zuerst mit Rechengeld legen.

a) mit 50-Cent-Münzen
b) mit 20-Cent-Münzen
c) mit 10-Cent-Münzen
d) mit 5-Cent-Münzen
e) mit 2-Cent-Münzen
f) mit 1-Cent-Münzen

Seite 7 Aufgabe 1
a) 2 Münzen b) ...

2 Lege mit Cent-Münzen einen Betrag, der weniger als 1 € ist.
Ein anderes Kind legt die Münzen dazu, die zu einem Euro fehlen.

3 Ermittle den Betrag, der fehlt, damit im Geldbeutel genau 1 € ist.
Lege und rechne.

a) 

b) 

c) 

d) 

Seite 7 Aufgabe 3
a) 60 ct + 40 ct = 1 €
b) ...

→ AH Seite 52

* übertragen eine Darstellung in eine andere
* rechnen mit Geldbeträgen

100 € mit verschiedenen Scheinen zusammenstellen

1 Stelle mit Scheinen den Betrag von 100 Euro zusammen.
Schreibe auf, wie viele Scheine du benötigst.
Du kannst zuerst mit Rechengeld legen.

a) mit 50-Euro-Scheinen b) mit 20-Euro-Scheinen
c) mit 10-Euro-Scheinen d) mit 5-Euro-Scheinen

Seite 8 Aufgabe 1
a) 2 Scheine b) ...

2 Lege 100 Euro mit verschiedenen Scheinen.
Schreibe auf, welche Scheine es sind.

a) mit vier Scheinen
b) mit fünf Scheinen
c) mit sechs Scheinen
d) mit sieben Scheinen

Seite 8 Aufgabe 2
a) 50 € + 20 € + 20 € + 10 € = 100 € b) ...

3 Ermittle den Betrag, der zu 100 € fehlt.
Du kannst dazu auch Rechengeld verwenden.

a) 

b) 

Seite 8 Aufgabe 3
a) 80 € + 20 € = 100 €
b) ...

c) 

d) 

e) 

f) 

g) Lege eigene Beträge und rechne.

⋆ übertragen eine Darstellung in eine andere
⋆ probieren zielorientiert und nutzen Einsichten in Zusammenhänge zur Problemlösung

Nach Vorgaben Geldbeträge zusammenstellen

1 Suche dir ein anderes Kind. Ein Kind legt einen Geldbetrag.
Das andere Kind legt den gleichen Geldbetrag mit möglichst wenig Münzen.

2 Ermittle den Geldbetrag. Lege und zeichne den gleichen Betrag mit möglichst wenig Münzen und Scheinen.

a) 

b) 

c) 

d) 

e) 

3 Ermittle, wie viel Geld die Kinder haben können.
Zeichne verschiedene Möglichkeiten.

a) 

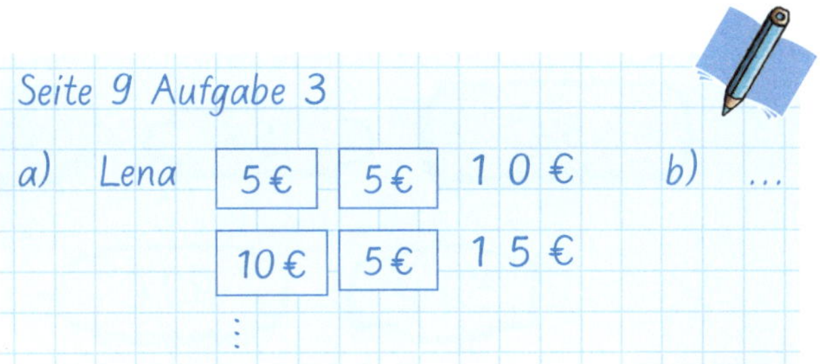

b) 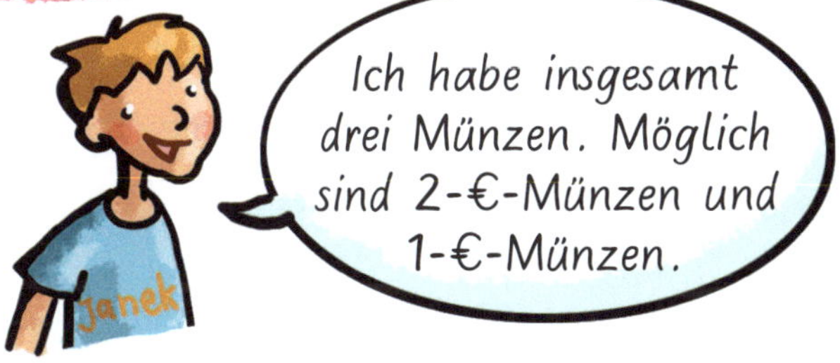

c) 

d) Schreibe ein eigenes Rätsel und lasse es von einem anderen Kind lösen.

⋆ bearbeiten Aufgabenstellungen zusammen mit anderen und setzen eigene und fremde Standpunkte in Beziehung
⋆ probieren zielorientiert und nutzen Einsichten in Zusammenhänge zur Problemlösung
⋆ überprüfen ihre Ergebnisse auf Angemessenheit und bewerten verschiedene Wege

1 Besorge dir Prospekte. Schneide verschiedene Dinge und ihre Preise aus. Gestalte ein Plakat.

2 Überlege dir, welche Preise zu welchen Dingen passen könnten. Schreibe in dein Heft.

3 € | 15 € | 38 € | 60 ct

55 ct | 90 € | 10 ct

Seite 10 Aufgabe 2
1 Brot kostet ungefähr 3 €.
⋮

3 Schreibe in dein Heft, was du dir kaufen kannst, wenn du folgende Beträge hast:

a) 10 € b) 20 € c) 50 €

Nutze dazu auch dein Plakat.

Seite 10 Aufgabe 3
a) 10 €: …
b) …

- halten ihre Arbeitsergebnisse und Vorgehensweisen fest
- nutzen für die Präsentation ihrer Rechenwege geeignete Darstellungsformen und Präsentationsmethoden

1 Ermittle den Gesamtpreis.

a) 

b) 

c) 

d) 

Seite 11 Aufgabe 1
a) 60 € + 11 € = 71 €
b) ...

2 Schreibe auf, was du kaufen kannst, wenn du 50 € hast. Finde verschiedene Möglichkeiten.

Seite 11 Aufgabe 2
...

3 Überlege, welche Dinge die Kinder gekauft haben.

a) 

b) 

c) 

d) 

Seite 11 Aufgabe 3
a) Lisa hat ... und ... gekauft.
b) ...

→ AH Seite 53

⋆ übersetzen Problemstellungen aus Sachsituationen in die Sprache der Mathematik
⋆ rechnen mit Geldbeträgen

Rückgeld berechnen

Das Rückgeld kannst du auf zwei verschiedene Arten berechnen.

Als Minusaufgabe
100 ct – 58 ct = 42 ct

Als Ergänzungsaufgabe
58 ct + 42 ct = 100 ct

Der Betrag, den Einstern bezahlt, und das Rückgeld müssen zusammen wieder 100 ct, also 1 €, ergeben.

1 Berechne das Rückgeld. Du bezahlst mit .
Schreibe deine Rechnung auf. Preise:

a) 58 ct b) 78 ct c) 29 ct d) 54 ct

Seite 12 Aufgabe 1
a) ... Rückgeld: ... ct

2 Berechne das Rückgeld. Du bezahlst mit .
Schreibe deine Rechnung auf. Preise:

a) 35 ct b) 42 ct c) 12 ct d) 20 ct

Seite 12 Aufgabe 2
a) ... Rückgeld: ... ct

3 Berechne das Rückgeld. Du bezahlst mit .
Schreibe deine Rechnung auf. Preise:

a) 38 € b) 57 € c) 42 € d) 29 €

Seite 12 Aufgabe 3
a) ... Rückgeld: ... €

4 Berechne das Rückgeld. Du bezahlst mit .
Schreibe deine Rechnung auf. Preise:

a) 2 € 50 ct b) 5 € 20 ct c) 7 € 80 ct d) 9 € 25 ct

Seite 12 Aufgabe 4
a) ... Rückgeld: ... € ... ct

- rechnen mit Geldbeträgen
- übersetzen Problemstellungen in die Sprache der Mathematik
- denken über mathematische Beziehungen nach

Einkaufsgeschichten lösen und selbst schreiben

1 Schreibe zu jeder Rechengeschichte die Rechnung und die Antwort auf.

a) Lisa möchte die Autorennbahn
und den Teddy kaufen.
Wie viel kostet das zusammen?

Seite 13 Aufgabe 1
a) R: 48 € + 15 € = 63 €
A: Zusammen kostet es 63 €.
b) …

b) Tim möchte die Ritterburg kaufen.
Er hat schon 45 € gespart.
Wie viel muss er noch sparen?

c) Anne hat 40 €. Sie kauft den Dino.
Wie viel Geld hat sie noch übrig?

d) Max kauft den Bagger. Er bezahlt mit einem 50-€-Schein.
Wie viel bekommt er zurück?

e) Maja kauft den Fußball und das Federball-Spiel.
Wie viel kostet das zusammen?

f) Paul hat 40 Euro.
Was kann er dafür kaufen?

2 Schreibe eine eigene Rechengeschichte.
Suche ein anderes Kind, das sie löst.
Kontrolliert gemeinsam.

Seite 13 Aufgabe 2
…

→ AH Seite 54

* entnehmen Sachsituationen Informationen und unterscheiden, ob diese relevant oder nicht relevant sind
* entwickeln im Rahmen von Sachsituationen eigene Fragestellungen und bearbeiten diese gemeinsam

1 Finde eine passende Rechnung und einen Antwortsatz.

a) Tim möchte sich ein Auto für 9 Euro und einen Lastwagen für 15 Euro kaufen.

Wie viel kostet das zusammen?

Seite 14 Aufgabe 1
a) R: …
A: …
b) …

b) Max hat 45 Euro gespart. Er kauft sich einen Tischtennisschläger.

Wie viel Geld hat er noch?

c) Der Vater kauft für Julia einen Füller. Er bezahlt mit einem 50-Euro-Schein.

Wie viel Geld bekommt er zurück?

2 Finde zwei passende Rechnungen und zwei Antwortsätze.

a) Lisa möchte drei Fische für ihr Aquarium kaufen. Jeder Fisch kostet 5 Euro. Sie hat 30 Euro dabei.

Wie viel kosten Lisas Fische?
Wie viel hat sie noch übrig?

Seite 14 Aufgabe 2
a) R: …
A: …
R: …
A: …
b) …

b) Paul spart für Inline-Skates. Er hat schon 30 Euro gespart. Seine Oma schenkt ihm noch 20 Euro.

Wie viel Geld hat er jetzt?
Wie viel muss er noch sparen?

c) Anne kauft sich eine neue Uhr. Sie bezahlt mit einem 50-Euro-Schein.

Wie viel Geld bekommt sie zurück? Kann sie sich auch noch den Ring kaufen?

* übersetzen Problemstellungen aus Sachsituationen in die Sprache der Mathematik
* rechnen mit Geldbeträgen

→ AH Seite 55

Plus- und Minus-Rechengeschichten schreiben

1 Schreibe die Rechengeschichte weiter.

Tom hat 56 € gespart.
Von seinem Opa bekommt er 13 €.
Nun hat er 69 €.
Er kauft ...
Jetzt hat er ...
Er kauft ...
Jetzt hat Tom ...

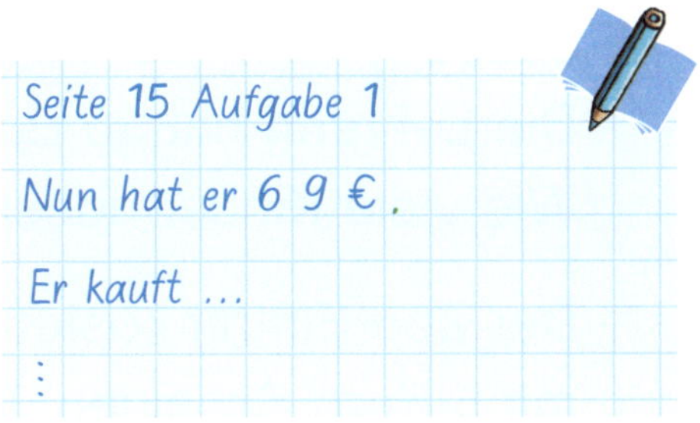

2 Suche dir ein anderes Kind. Ein Kind erzählt eine Rechengeschichte. Das andere Kind schreibt dazu die Rechnung auf. Wechselt euch ab.

Rechengeschichten zum Schulausflug lösen

1 Die Klasse 2b macht einen Ausflug. Sie fährt mit dem Bus zum Zoo. Finde zu jeder Rechengeschichte die Rechnung und die Antwort.

a) Für die Fahrt, den Eintritt und 1 Eis muss jedes Kind 5 Euro bezahlen. Wie viel Geld sammelt die Lehrerin von allen 20 Kindern für den Ausflug ein?

b) Jedes Kind muss für den Ausflug 5 Euro bezahlen. Die Lehrerin hat 30 Euro in ihrer Kasse. Wie viele Kinder haben schon bezahlt?

Seite 16 Aufgabe 1
a) R: ...
A: Die Lehrerin ...
b) ...

c) Der Zoo-Eintritt kostet für die Klasse 2b 40 Euro. Die Lehrerin bezahlt mit 5-Euro-Scheinen. Wie viele Scheine braucht sie?

d) Für 10 Eistüten bezahlt die Lehrerin 20 Euro. Wie viel kostet ein Eis? Wie viel kostet das Eis für alle Kinder?

2 Es ist warm. Viele Kinder sind durstig. Überlege, wie viel Geld wohl alle Kinder zusammen für Limonade ausgeben. Sammle die nötigen Informationen. Schreibe die Informationen, die Rechenschritte und die Antwort auf. Besprich mit einem anderen Kind wie du vorgegangen bist und welche Ergebnisse du herausgefunden hast.

3 Finde noch weitere Fragen, Rechnungen und Antworten zum Klassenausflug. Schreibe sie in dein Heft.

Seite 16 Aufgabe 2
F: ...
R: ...
A: ...
⋮

- entnehmen Sachsituationen Informationen
- übersetzen Problemstellungen aus Sachsituationen in die Sprache der Mathematik
- formulieren zu Sachsituationen mathematische Fragen und Aufgabenstellungen und lösen sie

Verschiedene Uhren kennenlernen

Die ersten Uhren waren Sonnen-, Wasser- und Sanduhren. Weil sie sehr ungenau waren, erfanden die Menschen Räderuhren und entwickelten diese immer weiter. Es gab dann kleine Uhren, die um den Hals oder in der Tasche getragen wurden. Heute gibt es viele verschiedene Uhren.

1 Mit diesen Uhren kannst du die Uhrzeit bestimmen. Ordne die Namen zu.

A

B

Seite 17 Aufgabe 1
A: Wecker
B: ...

C

D

E

Kirchturmuhr | Taschenuhr | Sonnenuhr | Armbanduhr | Wecker

2 Mit diesen Uhren kannst du feststellen, wie lange etwas dauert. Ordne die Namen zu.

A

B

C

Seite 17 Aufgabe 2
A: ...

Sanduhr | Stoppuhr | Kurzzeitmesser

3 Überlege und besprich mit einem anderen Kind, wo du solche Uhren schon einmal gesehen hast und wozu man sie braucht.

* bezeichnen verschiedene Uhren mit dem passenden Begriff
* tauschen sich über Erfahrungen aus ihrem Umfeld mit anderen aus

Der kleine Zeiger braucht 1 Stunde, um von einer Zahl zur nächsten zu wandern.
Von Mitternacht bis Mittag braucht er 12 Stunden und von Mittag bis Mitternacht wieder 12 Stunden.
Er wandert an einem Tag zweimal im Kreis. Eine Zeigerstellung kann deshalb 2 Uhrzeiten angeben.

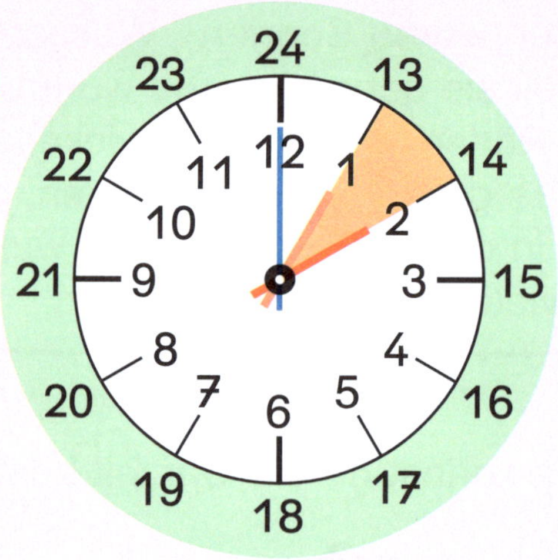

1 Lies beide Uhrzeiten ab und schreibe sie auf.

a) 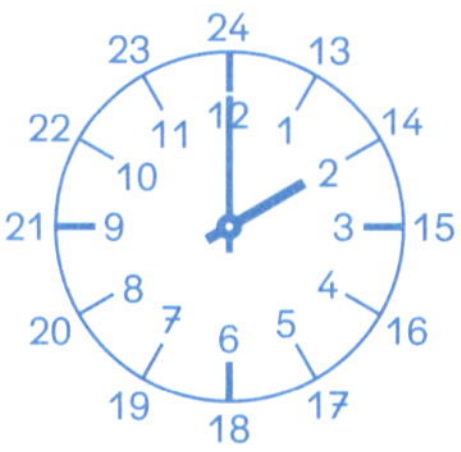

b) 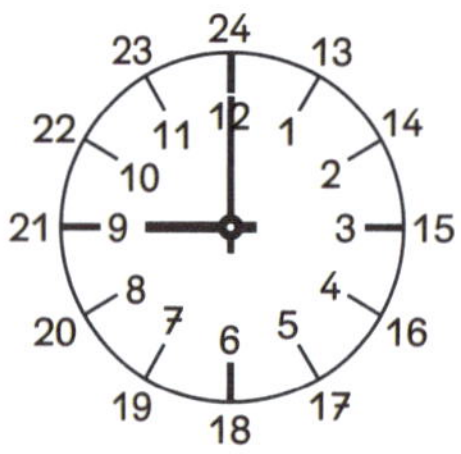

c) 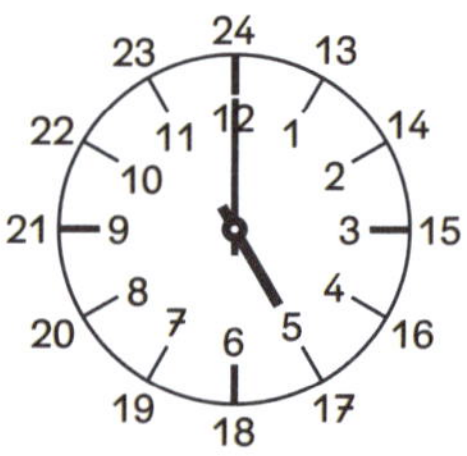

Seite 18 Aufgabe 1
a) 2 Uhr, 14 Uhr
b) ...

d) 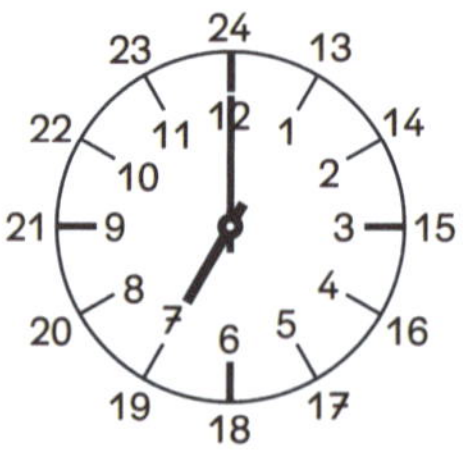

e) 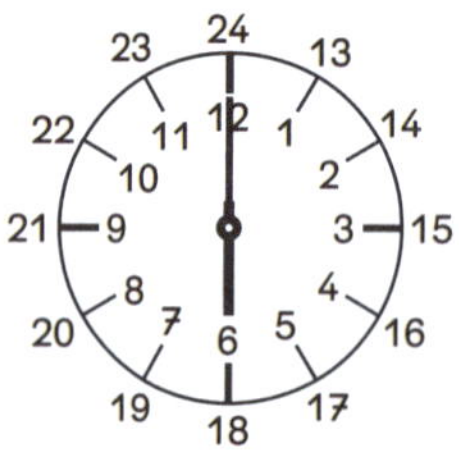

f) 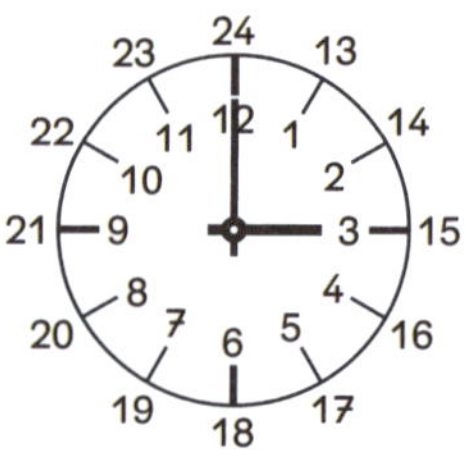

2 Suche dir ein anderes Kind. Ein Kind stellt die Uhrzeit ein, das andere liest beide Uhrzeiten ab. Wechselt euch ab.

⋆ lesen Uhrzeiten mit dem Bezug zur Tageszeit genau ab
⋆ bearbeiten Aufgabenstellungen im Austausch mit anderen

Tagesablauf darstellen und vergleichen

1 Stelle wie Tim deinen Tagesablauf dar.

Seite 19 Aufgabe 1

1 Uhr
2 Uhr *schlafen*
⋮ *⋮*

2 Vergleiche deinen Tagesablauf mit dem anderer Kinder.

3 Schreibe die passende Uhrzeit auf.
Achte auf die Tageszeit.

Seite 19 Aufgabe 3

a) 13 Uhr *b) …*

a) 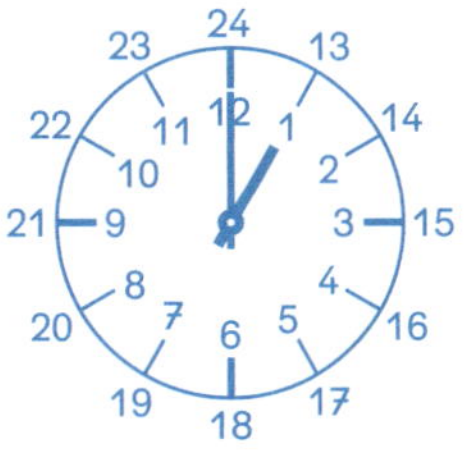
Mittagessen

b) 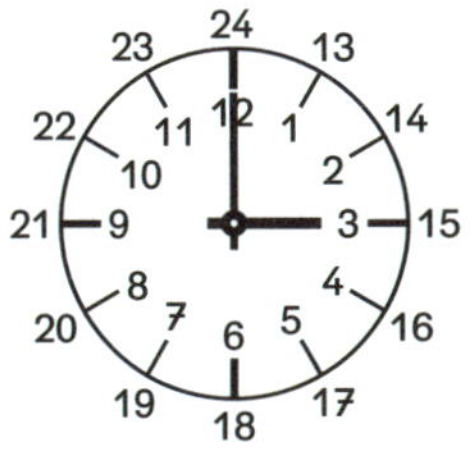
schlafen

c) 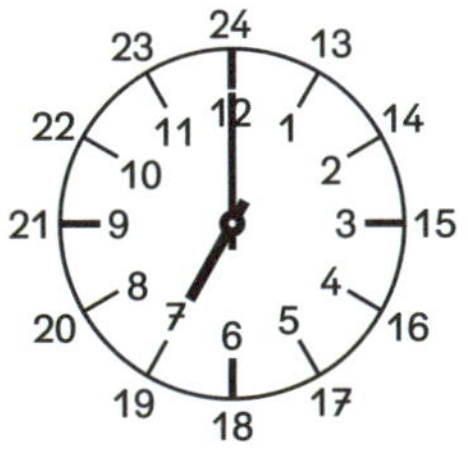
aufstehen

d) 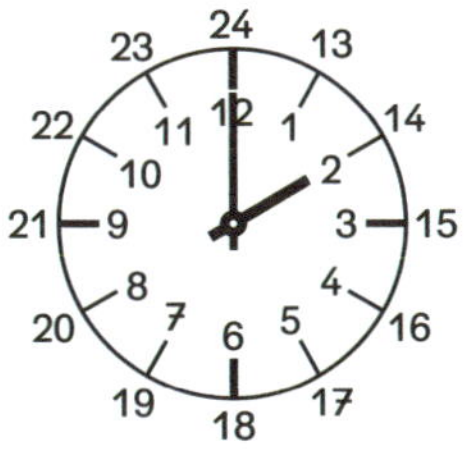
Hausaufgaben machen

e) 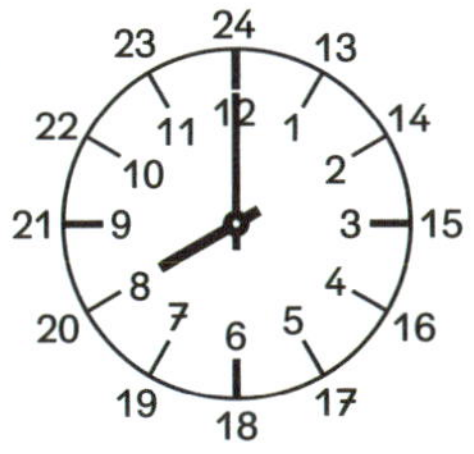
ins Bett gehen

f) 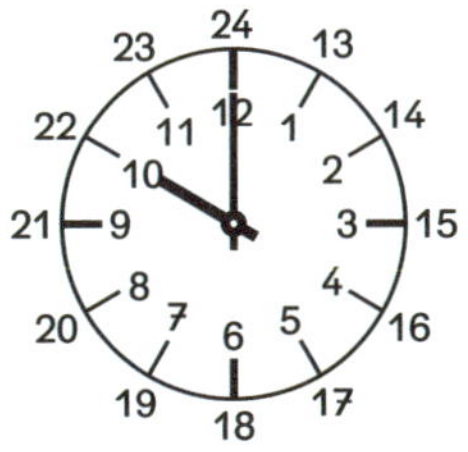
in der Schule lernen

⋆ stellen den eigenen Tagesablauf mit der Kennzeichnung von Zeitspannen in geeigneter Form dar
⋆ stellen ihre Ergebnisse für andere nachvollziehbar dar und tauschen sich mit anderen aus
⋆ lesen Uhrzeiten der Tageszeit entsprechend ab

Uhrzeiten in Stunden und Minuten ablesen

Der große Zeiger zeigt an, wie viele Minuten seit der letzten vollen Stunde vergangen sind.
Für ihn gelten die Minutenstriche auf der Uhr.
Wenn der Zeiger einmal ganz im Kreis herumgewandert ist, sind 60 Minuten vergangen.
Das ist genau 1 Stunde.

1 Schreibe auf, wie viele Minuten seit 1.00 Uhr vergangen sind.

Seite 20 Aufgabe 1
a) 10 Minuten b) ...

2 Lies die Uhrzeit in Stunden und Minuten ab.

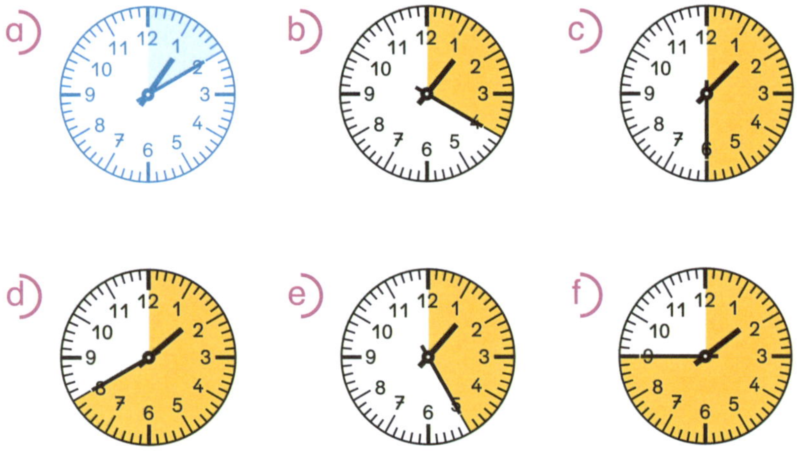

Seite 20 Aufgabe 2
a) 10 Minuten nach 1 Uhr
1.10 Uhr
b) ...

⋆ lesen Uhrzeiten in Stunden und Minuten ab
⋆ übertragen eine Darstellung in eine andere und verwenden dabei unterschiedliche Darstellungsformen
⋆ verwenden Abkürzungen zu den standardisierten Maßeinheiten (h und min)

Zu einer Zeigerstellung beide Uhrzeiten ablesen

1 Lies beide Uhrzeiten ab und schreibe sie auf.

a)  b)  c) 

Seite 21 Aufgabe 1

a) 12.30 Uhr, 0.30 Uhr

b) ...

d)  e)  f)  g) 

h)  i)  k)  l) 

m)  n)  o)  p) 

q)  r)  s)  t) 

u)  v)  w)  x) 

→ AH Seite 56

⋆ lesen Uhrzeiten in Stunden und Minuten
⋆ stellen Größenangaben (Zeitangaben) auf verschiedene Tageszeiten bezogen dar

Unterschiedliche Zeitangaben kennenlernen

eine Viertelstunde
(15 Minuten)

eine halbe Stunde
(30 Minuten)

eine Dreiviertelstunde
(45 Minuten)

10.15 Uhr
Viertel nach 10
viertel 11

10.30 Uhr
halb 11

10.45 Uhr
Viertel vor 11
drei viertel 11

1 Suche dir ein anderes Kind. Stellt verschiedene Uhrzeiten mit 15 Minuten, 30 Minuten, 45 Minuten ein. Lest die Uhrzeiten ab. Sagt es unterschiedlich.

2 Schreibe zu jeder Uhr die Uhrzeit unterschiedlich auf.

a) 

b) 

c) 

Seite 22 Aufgabe 2
a) 12.15 Uhr, 0.15 Uhr
Viertel nach 12
viertel 1
b) ...

⋆ verwenden für gleiche Uhrzeiten unterschiedliche Zeitangaben
⋆ bearbeiten Aufgabenstellungen im Austausch mit anderen

Wenn Tätigkeiten weniger als 1 Minute dauern, misst man diese Zeitspanne in Sekunden. Meist benutzt man dazu eine Stoppuhr.

Einige Uhren haben einen Sekundenzeiger. Er zeigt an, wie viele Sekunden seit der letzten vollen Minute vergangen sind.

Wenn der Sekundenzeiger einmal ganz im Kreis herumgewandert ist, sind 60 Sekunden vergangen. Das ist genau eine Minute.

1 Suche dir ein anderes Kind. Probiert abwechselnd, wie viel ihr in einer Minute schafft. Einer von euch stoppt die Zeit.

- von 1 bis ... zählen
- ... Kniebeugen machen
- ... mal auf einem Bein hüpfen
- ... Stifte anspitzen
- ...

2 Schätze immer zuerst, wie lange du brauchst. Führe dann die Tätigkeiten aus und miss die Dauer mit der Stoppuhr.

a) deinen Namen schreiben

b) Schuhe binden

c) das Abc aufsagen

d) das Einmaleins mit 5 aufschreiben

e) Finde eigene Beispiele.

Seite 23 Aufgabe 2
a) geschätzt: ...
gemessen: ...
b) ...

* suchen Repräsentanten für die Zeitdauer von einer Minute
* schätzen und bestimmen die Zeitspanne von unterschiedlichen Tätigkeiten in Minuten und Sekunden
* verwenden Abkürzungen zu den standardisierten Maßeinheiten (min und s)

Zeitspanne in Stunden und Minuten bestimmen

Die Zeitspanne schreibst du mit einem Pfeil auf.
Verwende folgende Abkürzungen:

1 Stunde: 1 h   1 Minute: 1 min

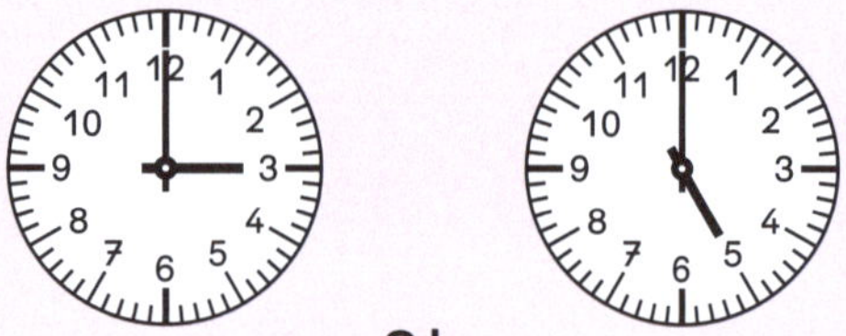

3.00 Uhr $\xrightarrow{2\,h}$ 5.00 Uhr

15.00 Uhr $\xrightarrow{2\,h}$ 17.00 Uhr

7.00 Uhr $\xrightarrow{15\,min}$ 7.15 Uhr

19.00 Uhr $\xrightarrow{15\,min}$ 19.15 Uhr

1 Lies ab, wie viele Stunden vergangen sind.

a) 

b) 

c) 

d) 

Seite 24 Aufgabe 1

a) 3.00 Uhr $\xrightarrow{2\,h}$ 5.00 Uhr

15.00 Uhr $\xrightarrow{2\,h}$ 17.00 Uhr

b) ...

2 Lies ab, wie viele Minuten vergangen sind.

a) 

b) 

c) 

d) 

e) 

f) 

Seite 24 Aufgabe 2

a) 7.00 Uhr $\xrightarrow{15\,min}$ 7.15 Uhr

19.00 Uhr $\xrightarrow{15\,min}$ 19.15 Uhr

b) ...

* bestimmen die Zeitspanne in Stunden und Minuten auf der Grundlage von Uhrzeitdarstellungen
* übertragen eine Darstellung in eine andere

Rechnen mit Zeitpunkt und Zeitspanne

In einer Stunde:

8.00 Uhr —1 h / Zeitspanne→ 9.00 Uhr
Beginn — Ende

Vor einer Stunde:

8.00 Uhr ←1 h / Zeitspanne— 9.00 Uhr
Beginn — Ende

1 Berechne die Uhrzeiten.

a)

Seite 25 Aufgabe 1

a) 14.00 Uhr —1 h→ 15.00 Uhr

b) ...

b)

c)

d)

2 Schreibe auf, wie lange die Tätigkeiten dauern.

a)

Seite 25 Aufgabe 2

a) 12.30 Uhr —30 min→ 13.00 Uhr

b) ...

b)

c)

d)

* entnehmen Sachsituationen relevante Informationen
* übersetzen Informationen aus Sachsituationen in die Sprache der Mathematik
* bestimmen Zeitpunkte und Zeitspanne im Zusammenhang mit Sachsituationen

→ AH Seiten 57 und 58

1 Schreibe zu jeder Rechengeschichte die Rechnung und die Antwort.

a) Julia fährt um 7.05 Uhr mit dem Bus zur Schule. Der Bus braucht 20 Minuten. Wann kommt sie an?

Seite 26 Aufgabe 1

a) R: 7.05 Uhr —20 min→ 7.25 Uhr

A: Sie kommt um 7.25 Uhr in der Schule an.

b) ...

b) Patrick kommt um 7.45 Uhr in der Schule an. Um 7.10 Uhr ist er von zu Hause losgelaufen. Wie viel Zeit benötigt Patrick für seinen Schulweg?

c) Die Bäckerei öffnet morgens um 6.30 Uhr. Um 12.30 Uhr beginnt die Mittagspause. Wie lange ist die Bäckerei am Vormittag geöffnet?

d) Nach 7 Stunden Badebetrieb schließt das Schwimmbad montags um 19.00 Uhr. Wann öffnet es montags?

e) Einstern geht jeden Nachmittag 1 Stunde und 30 Minuten zur Zauberschule. Sein Unterricht beginnt um 14.00 Uhr. Wann endet der Unterricht?

2 Schreibe zu jeder Frage die Rechnung und die Antwort.

a) Wie lange hat das Hallenbad am Dienstag geöffnet?

Seite 26 Aufgabe 2

a) R: 7.00 Uhr —12 h→ 19.00 Uhr

A: Am Dienstag ...

b) ...

b) Wie lange hat das Hallenbad am Sonntag geöffnet?

c) Wie viel später öffnet das Hallenbad am Wochenende im Vergleich zu den anderen Tagen?

d) Finde eine weitere Frage, die Rechnung und die Antwort.

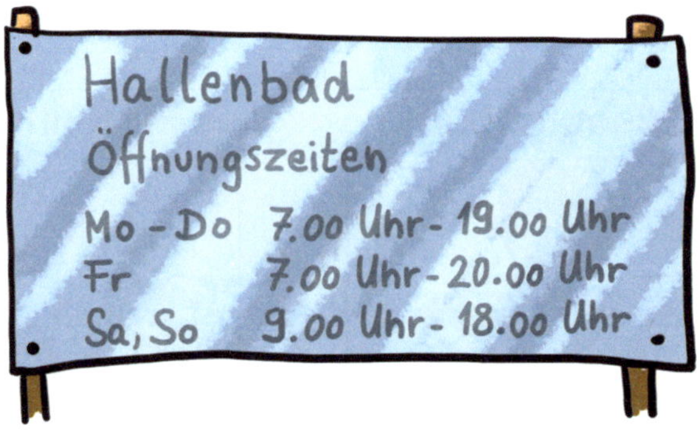

* übersetzen Problemstellungen aus Sachsituationen in die Sprache der Mathematik und lösen sie
* entnehmen Sachsituationen relevante Informationen
* formulieren mathematische Fragen und Aufgabenstellungen und lösen sie

Die Längen von Gegenständen vergleichen

1 Vergleiche Gegenstände nach ihrer Länge und schreibe Vergleiche auf: … ist länger als …

… ist kürzer als …

a) Suche Gegenstände im Klassenzimmer, die du ohne Hilfsmittel vergleichen kannst.

b) Suche Gegenstände, die fast gleich lang sind. Lege sie zum Vergleichen nebeneinander.

c) Manche Gegenstände kannst du zum Vergleichen nicht nebeneinanderlegen. Dann hilft dir zum Beispiel eine Schnur. Suche solche Gegenstände und vergleiche sie.

⋆ vergleichen und ordnen Gegenstände nach ihren Längen durch direkten und indirekten Vergleich
⋆ übertragen Vorgehensweisen auf ähnliche Sachverhalte

Früher haben die Menschen Längen mit Körpermaßen bestimmt.

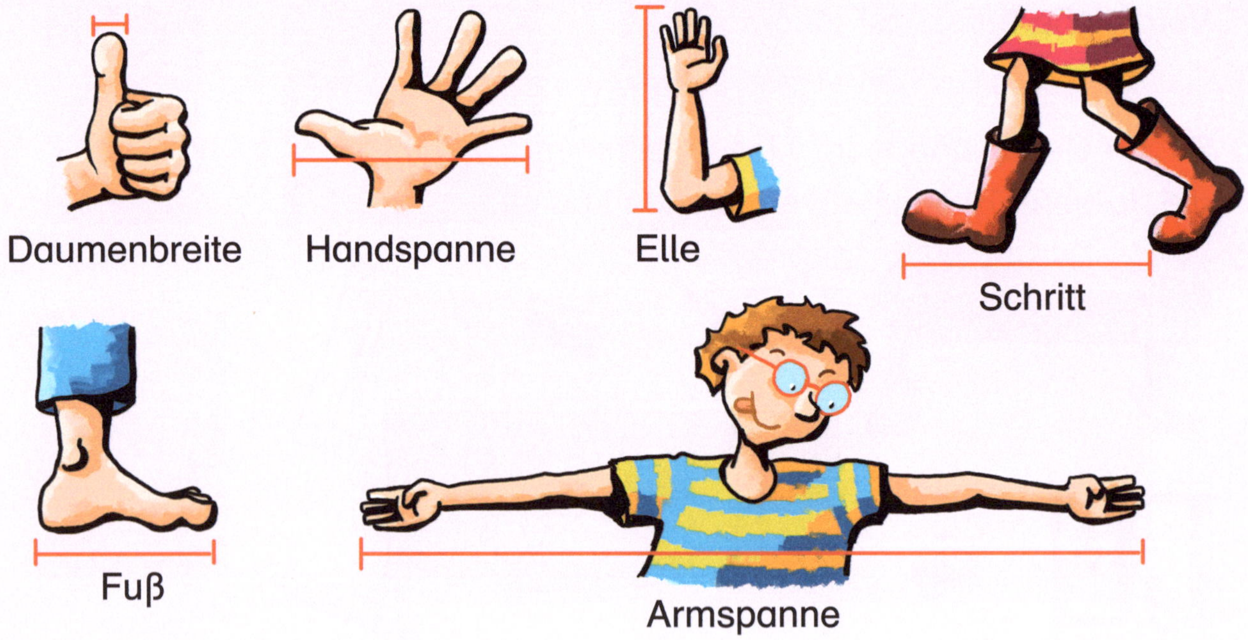

1 Miss folgende Längen in den angegebenen Körpermaßen.

a) Schülertisch, lange Seite: Handspannen
b) Mathematikheft, kurze Seite: Daumenbreiten
c) zusammengeklappte Tafel: Ellen
d) Länge des Klassenzimmers: Schritte
e) Weg von der Tür bis zur Tafel: Fuß
f) Lehrertisch, lange Seite: Armspannen

Seite 28 Aufgabe 1
a) … Handspannen
b) …

2 Vergleiche deine Ergebnisse mit denen anderer Kinder.
Bei welchen Messungen gibt es große Unterschiede, bei welchen Messungen sind die Ergebnisse fast gleich? Suche Begründungen.

3 Überlege gemeinsam mit einem anderen Kind, ob ein Schülertisch ausreicht, wenn alle Kinder deiner Klasse ihre Daumen nebeneinander legen.
Sammelt die nötigen Informationen.
Schreibt die Informationen, die Rechenschritte und die Antwort auf.

Seite 28 Aufgabe 3
…

* messen die Länge von Gegenständen mit Körpermaßen
* vergleichen die Messergebnisse mit denen anderer Kinder und bewerten diese
* erfinden Aufgabenstellungen durch Variation und Fortsetzung gegebener Beispiele

Die Körpermaße sind bei allen Menschen unterschiedlich.
Das Messen mit Körpermaßen ist deshalb ungenau. Seit 1795 sind genaue Maße für Längen festgelegt.

1 Miss mit deinem Lineal und schreibe die Ergebnisse auf.

a) Miss dein Heft, deinen Bleistift, deinen Farbkasten und dein Einstern-Heft.

b) Suche dir weitere Gegenstände aus, die du mit deinem Lineal messen kannst.

Seite 29 Aufgabe 1
a) Heft: … cm
⋮
b) …

2 Miss die Längen der Nägel und schreibe sie in dein Heft.

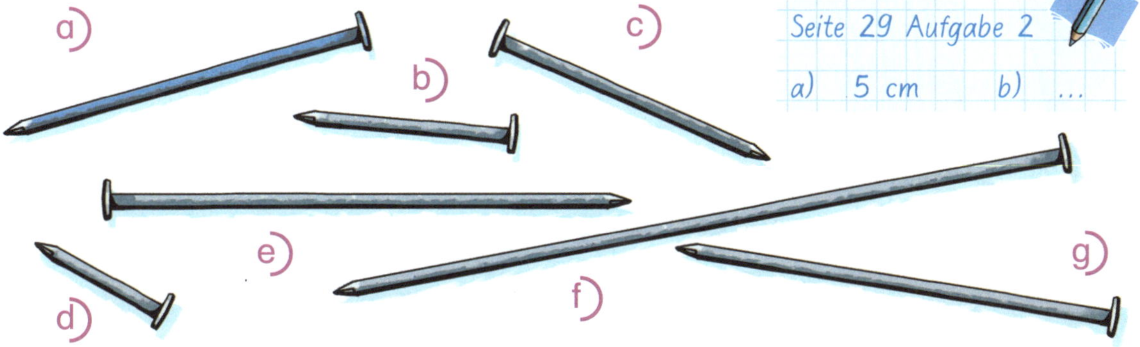

Seite 29 Aufgabe 2
a) 5 cm b) …

1 Wie lang sind die Strecken? Miss mit dem Lineal und schreibe in dein Heft. Suche dir ein anderes Kind. Vergleicht eure Ergebnisse.

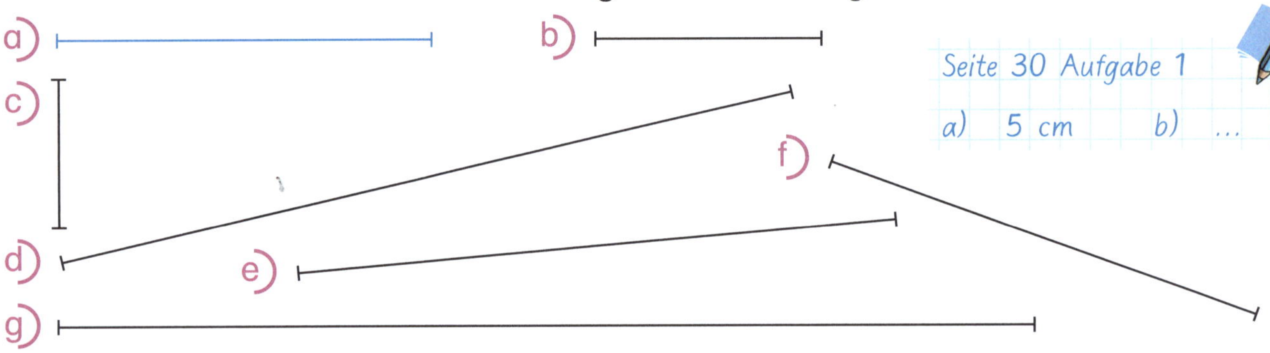

Seite 30 Aufgabe 1
a) 5 cm b) ...

2 Zeichne Strecken mit den folgenden Längen in dein Heft.

a) 2 cm b) 7 cm c) 3 cm d) 11 cm
e) 9 cm f) 15 cm g) 8 cm h) 14 cm

i) Bitte ein anderes Kind, deine Zeichnungen zu prüfen.

Seite 30 Aufgabe 2
a) 2 cm
b) ...

3 So lang sind Dinge im Mäppchen.

a) Miss die Längen der Gegenstände auf dem Bild unten. Schreibe deine Ergebnisse auf. Vergleiche mit einem anderen Kind.

b) Miss auch deine eigenen Gegenstände und vergleiche.

Seite 30 Aufgabe 3
a) Patrone: 3 cm
Radiergummi: ...
Kleber: ...
Füller: ...
Bleistift: ...
b) Patrone: ...
Meine Patrone ist ...
⋮

* messen Längen in cm mit geeigneten Messgeräten in der Maßeinheit cm
* geben Messergebnisse mit Maßzahl und standardisierter Maßeinheit (cm) an
* vergleichen und besprechen ihre Ergebnisse miteinander

1 Schätze, welche der Figuren die größte Länge hat.

Seite 31 Aufgabe 1
Figur ...

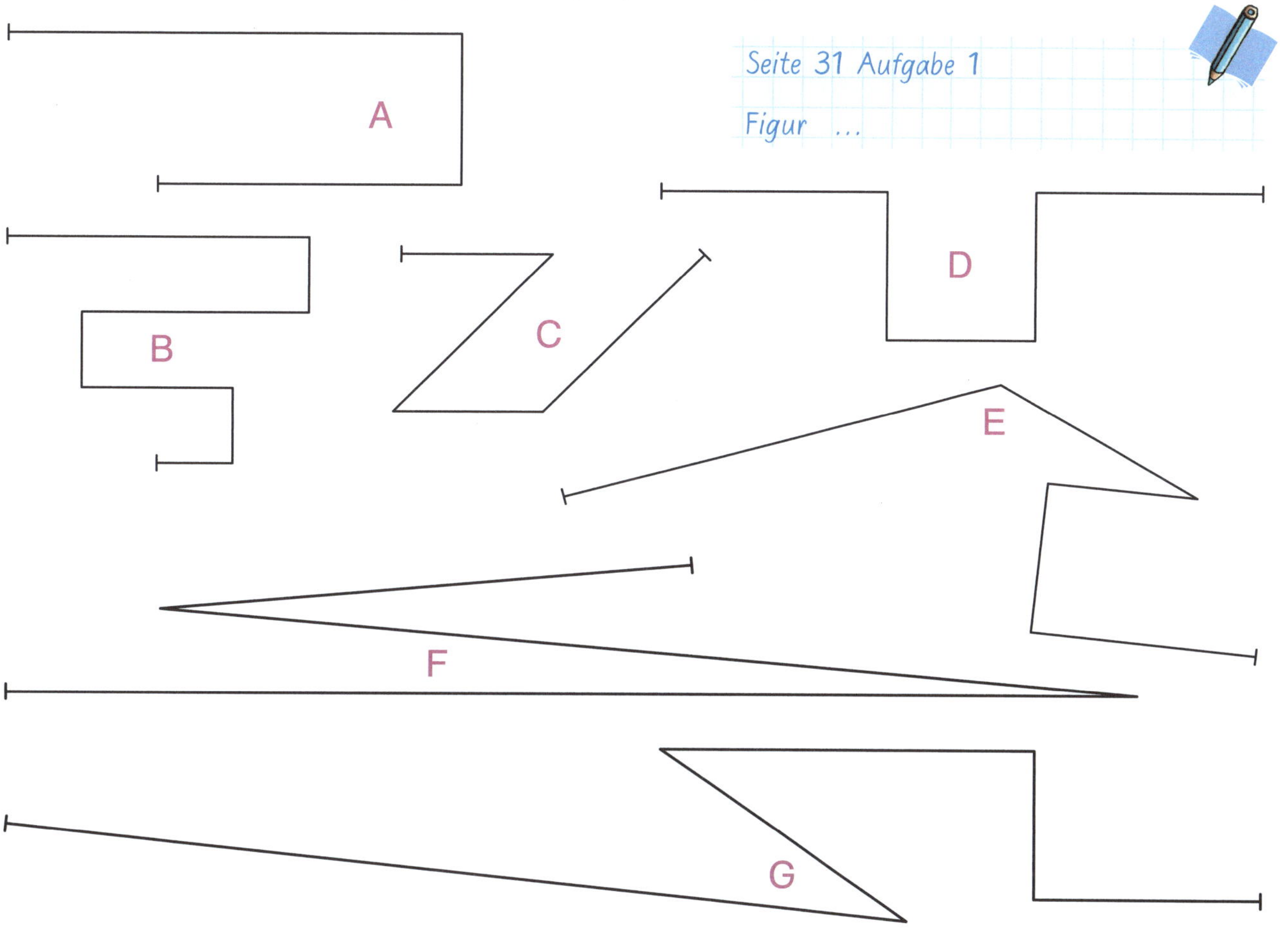

2 Schätze die Länge jeder Figur aus 1. Miss anschließend die Länge aller Teilstrecken und berechne die Gesamtlänge.

Seite 31 Aufgabe 2
Figur A
geschätzt: ...
gemessen: 6 cm + 2 cm + 4 cm = 12 cm
⋮

Figur A
geschätzt: 11 cm
gemessen: 6 cm + 2 cm + ...

Mit dem Lineal messen und zeichnen

1 Suche dir im Klassenzimmer oder auf dem Schulhof Gegenstände, die du bisher noch nicht gemessen hast. Schätze zuerst die Länge und miss dann genau. Lege in deinem Heft eine Tabelle an.

Gegenstand	geschätzt	gemessen
Schlüssel	5 cm	6 cm
⋮		

Seite 32 Aufgabe 1

Gegenstand	geschätzt	gemessen
…	…	…

2 Schätze zuerst die Längen der einzelnen Strecken. Miss dann die genauen Längen mit dem Lineal. Schreibe deine Ergebnisse auf. Hast du richtig geschätzt?

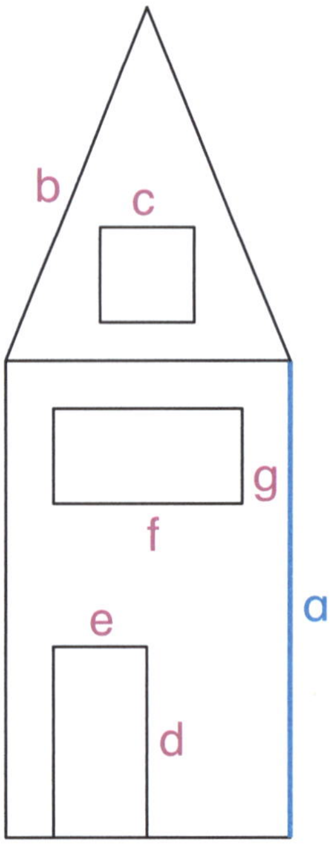

Seite 32 Aufgabe 2

Strecke a:

geschätzt: … gemessen: …

⋮

3 Zeichne auf ein Blatt Figuren wie auf Seite 31.
Sie sollen so lang sein:

a) 10 cm b) 12 cm c) 17 cm

d) Lass deine Zeichnung von einem anderen Kind überprüfen.

e) Es wäre schön, wenn du dein Blatt und ein Lösungsblatt im Klassenzimmer aufhängst. Andere Kinder können dann das Schätzen üben.

4 Stelle durch Zusammenkleben unterschiedlich lange Papierstreifen her. Schreibe immer die Länge auf die Rückseite. Lass andere Kinder schätzen.

* schätzen und messen die Längen von Gegenständen aus ihrer Umgebung
* geben Messergebnisse mit Maßzahl und standardisierter Maßeinheit (cm) an

Die Länge „1 m“ und Messgeräte kennenlernen

1 Es gibt verschiedene Messinstrumente zum Messen von Längen. Bringe einige von zu Hause mit und zeige einem anderen Kind, wie man damit misst.

2 Stelle aus Papierstreifen dein eigenes Meterband her.

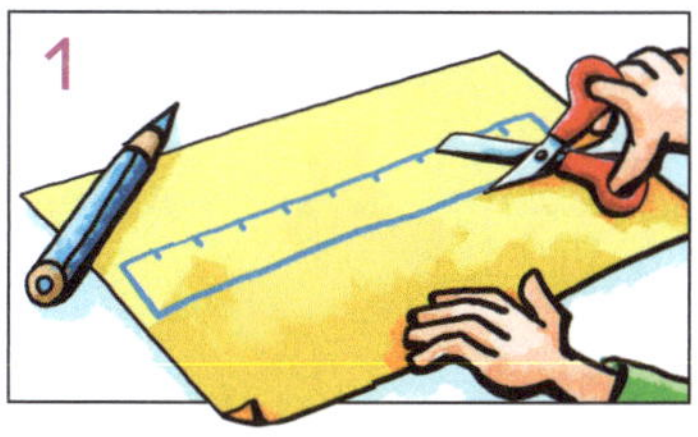

Du brauchst 5 gelbe und 5 weiße 10 cm lange Streifen.

So musst du sie zusammenkleben.

⋆ lernen unterschiedliche Messgeräte kennen, um Längen sachlich angemessen bestimmen zu können
⋆ messen Längen mit geeigneten Messgeräten

Gegenstände messen und passende Gegenstände finden

1 Schätze und miss die Längen in deiner Umgebung.
Wähle das passende Messinstrument.

a) Tischlänge

b) Tischbreite

c) Tischhöhe

d) Länge deines Mäppchens

e) Breite deines Einstern-Themenheftes

f) deine Schuhlänge

g) Türbreite

h) Fensterbreite

i) Breite des Klassenzimmers

k) Länge des Gangs

l) Finde noch eigene Beispiele.

Seite 34 Aufgabe 1

	Gegenstand	geschätzt	gemessen
a)	Tischlänge	1 m	...
b)	...		

2 Suche Gegenstände oder eigene Körpermaße, die ungefähr folgende Längen haben.

a) 1 cm b) 10 cm c) 30 cm

d) 50 cm e) 1 m f) 2 m

Seite 34 Aufgabe 2

a) 1 cm: Daumenbreite, ... b) ...

* geben Längen von vertrauten Gegenständen in Meter und Zentimeter an
* suchen zu verschiedenen Längenangaben entsprechende Gegenstände und nutzen diese als sicher abrufbare Bezugsgrößen beim Schätzen

→ AH Seiten 59 und 60

Körpergrößen messen und Papierstreifen herstellen

1 Betrachte zuerst das Bild ganz genau und überlege dir, was man beim Messen der Körpergröße alles beachten muss (die Schuhe, den Zollstock, wie das Buch auf den Kopf gehalten wird, …). Besprich dich mit einem anderen Kind.

2 Miss deine Körpergröße.

a) Suche dir 3 andere Kinder.
Messt die Körpergröße jedes Kindes ganz genau.

b) Schreibt jedes Ergebnis mit Namen und Körpergröße auf einen großen Zettel.

c) Stellt für jedes Kind einen Papierstreifen her, der so lang ist wie seine Körperlänge. Befestigt die Streifen mit den passenden Zetteln an der Wand oder legt sie auf dem Boden aus.
Ihr könnt gerne nach der Größe ordnen.

* bestimmen die Körpergröße auf geeignete Weise und mit geeigneten Messgeräten
* vergleichen und ordnen Körpergrößen

1 Bestimme die Ergebnisse beim Weitwurf.

a) Lies die Weiten für den 1. Wurf aus der Zeichnung ab. Zeichne eine Tabelle in dein Heft und trage die Ergebnisse ein.

Seite 36 Aufgabe 1

Name	1. Wurf	2. Wurf
Mai-Lin	5 m	
Anne	...	
⋮		

b) Beim 2. Wurf haben die Kinder andere Ergebnisse erzielt:

Mai-Lin	4 m mehr	Patrick	3 m mehr
Anne	1 m mehr	Lena	2 m weniger
Ole	2 m weniger		

Berechne und trage auch den 2. Wurf in die Tabelle ein.

2 Das Schwimmbecken ist 25 m lang und 12 m breit. Berechne die geschwommenen Strecken.

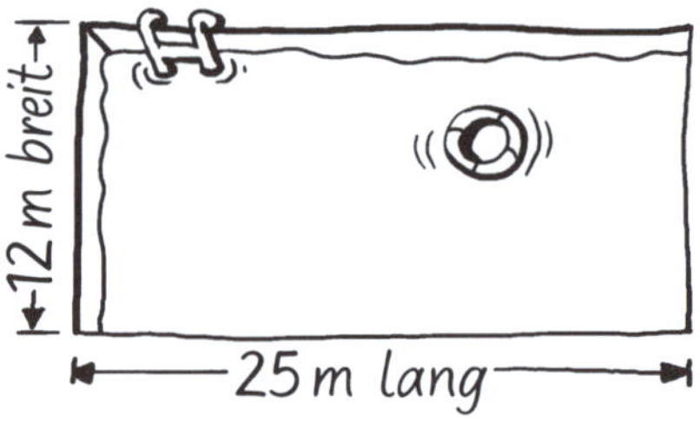

a) Tim schwimmt zweimal die lange Bahn.

Seite 36 Aufgabe 2

a) 25 m + 25 m = 50 m

Tim schwimmt 50 m.

b) ...

b) Paul schwimmt dreimal die kurze und einmal die lange Bahn.

c) Maja schwimmt eine Runde am Rand entlang.

d) Lea schwimmt 87 m.
Überlege, wie sie geschwommen ist.

e) Suche und finde weitere Aufgaben und Fragen.
Löse sie und besprich sie mit einem anderen Kind.

* übersetzen Problemstellungen aus Sachsituationen in die Sprache der Mathematik und lösen sie
* rechnen mit Längenangaben in Meter
* finden zu mathematischen Modellen Fragen und bearbeiten diese im Austausch mit anderen

→ AH Seite 61

Plus- und Minus-Rechengeschichten lösen

1 Schneide einen Papierstreifen mit 15 cm, 27 cm und einen mit 19 cm Länge von einem Blatt ab. Klebe sie dann mit Klebestreifen aneinander. Berechne, wie lang der zusammengeklebte Streifen ist. Überprüfe dein Ergebnis durch Nachmessen.

Seite 37 Aufgabe 1
15 cm + …

2 Nimm einen Papierstreifen von genau 29 cm Länge. Schneide von diesem zunächst 12 cm und dann noch einmal 7 cm ab. Schreibe die Minusaufgabe in dein Heft und berechne, wie lang der Rest des Papierstreifens ist. Überprüfe durch Nachmessen.

Seite 37 Aufgabe 2
29 cm − …

3 Zeichne eine Strecke von 9 cm Länge. Verlängere sie um 6 cm. Schreibe dazu die Rechenaufgabe.

Seite 37 Aufgabe 3
…

4 Zeichne eine beliebige Figur aus Linien, die zu dieser Rechnung passt:
3 cm + 8 cm + 2 cm + 1 cm + 5 cm

Seite 37 Aufgabe 4
…

5 Nimm einen Papierstreifen von genau 20 cm Länge. Teile ihn in 4 gleiche Teile. Bestimme, wie lang jedes Teil ist. Rechne und miss nach.

Seite 37 Aufgabe 5
…

★ rechnen mit Längenangaben
★ übertragen eine Darstellung in eine andere
★ übersetzen Problemstellungen aus Sachsituationen in die Sprache der Mathematik

1 Schreibe zu jeder Rechengeschichte eine Rechnung und eine Antwort. Die Skizze hilft dir.

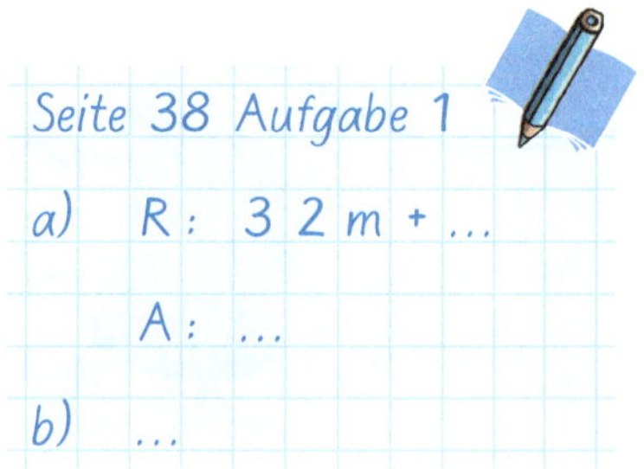

a) Lea und Tim laufen in entgegengesetzte Richtungen. Nach 5 Sekunden ist Tim 32 m und Lea 27 m gelaufen.
Wie weit sind die beiden voneinander entfernt?

b) An einer Straße stehen Bäume. Der Abstand zwischen den Bäumen ist immer 10 m.
Wie weit stehen der zweite und der sechste Baum auseinander?

2 Zeichne zu jeder Rechengeschichte eine Skizze.
Schreibe dann die Rechnung und die Antwort auf.

a) Tim und Lea stehen 50 m weit auseinander. Sie laufen aufeinander zu. Lea ist 20 m weit gelaufen, Tim 15 m.
Wie weit sind die beiden jetzt voneinander entfernt?

b) Ein Gärtner pflanzt Erdbeerpflanzen in eine Reihe. Zwischen zwei Pflanzen lässt er immer einen Abstand von 20 cm.
Wie groß ist der Abstand zwischen der ersten und der fünften Pflanze?

★ entwickeln, wählen und nutzen einfache Darstellungsformen (Skizzen) zum Veranschaulichen für das Bearbeiten mathematischer Probleme

Eine Strichliste und ein Balkendiagramm lesen und anlegen

Lena und Tim haben die Kinder der Klasse 2a nach ihren Lieblingsbüchern gefragt:

1 Betrachte mit einem Partner Lenas Strichliste und Tims Balkendiagramm. Vergleicht die beiden Darstellungen. Besprecht, was ihr ablesen könnt.

2 Lies die Informationen in der Strichliste oder dem Balkendiagramm ab. Ergänze die Aussagen.

a) ▢ Kinder mögen am liebsten Comics.

b) ▢ Kinder mögen am liebsten Abenteuerbücher.

c) Die beliebtesten Bücher sind …

d) 12 Kinder mögen am liebsten Pferdegeschichten. Halb so viele Kinder mögen am liebsten …

e) 6 Kinder mögen am liebsten Sachbücher. Fast genauso viele Kinder mögen am liebsten …

f) Finde eine eigene Aussage zu den Darstellungen.

Seite 39 Aufgabe 2
a) 3 Kinder
b) …

3 Mache in deiner Klasse eine Umfrage zu den Lieblingsbüchern.

a) Stelle das Ergebnis in einer Strichliste dar.

b) Übertrage die Strichliste in ein Balkendiagramm.

Seite 39 Aufgabe 3
a) …

* entnehmen relevante Daten und Informationen aus Schaubildern
* sammeln und vergleichen Daten aus ihrer unmittelbaren Lebenswirklichkeit und stellen sie in Strichlisten und einfachen Schaubildern dar

Ein Säulendiagramm auswerten

So lange brauchen Lea und Tim für ihre Hausaufgaben in Mathematik:

1 Bewerte die Aussagen mit „stimmt“ oder „stimmt nicht“.

a) Lea braucht immer länger als Tim.

b) Am Montag braucht Lea am längsten.

c) Am Mittwoch braucht Tim am wenigsten Zeit.

d) Tim braucht am Donnerstag nur 10 Minuten.

e) Lea braucht am Mittwoch 15 Minuten.

f) Am Freitag machen Lea und Tim keine Hausaufgaben.

Seite 40 Aufgabe 1

a) stimmt nicht b) ...

2 Lies im Säulendiagramm ab, wie lange Lea für ihre Hausaufgaben benötigt. Schreibe es in einer Tabelle auf. Du kannst auch eine Tabelle für Tim schreiben.

Seite 40 Aufgabe 2

Wochentag	Mo	Di	Mi	Do	Fr
Minuten	15	...			

3 Zeichne in einem Säulendiagramm ein, wie lange Paul für seine Hausaufgaben braucht. Zeichne ein X für 5 Minuten.

Wochentag	Mo	Di	Mi	Do	Fr
Minuten	15	20	10	25	0

Seite 40 Aufgabe 3

4 Du kannst eine Woche lang aufschreiben, wie lange du für deine Mathehausaufgaben brauchst. Stelle die Ergebnisse dann in einem Säulendiagramm dar.

Seite 40 Aufgabe 4

...

⋆ entnehmen relevante Daten und Informationen aus Schaubildern
⋆ sammeln und vergleichen Daten aus ihrer unmittelbaren Lebenswirklichkeit und stellen sie dar
⋆ übertragen eine Darstellung in eine andere

→ AH Seite 62

Verschiedene Schaubilder vergleichen

1 Betrachte mit einem Partner die Umfrageergebnisse in den drei Klassen. Vergleicht die verschiedenen Darstellungen.

2 Schreibe die Umfrageergebnisse aus den Klassen 1 a, 2 a und 3 a in einer Tabelle auf.

Seite 41 Aufgabe 2

Lieblingsobst	1 a	2 a	3 a
Äpfel			
Bananen			
Erdbeeren			
anderes Obst			

3 Bewerte die Aussagen mit „stimmt“ oder „stimmt nicht“.

a) In der Klasse 1 a essen 9 Kinder am liebsten Äpfel.

b) In der Klasse 3 a sind Erdbeeren das Lieblingsobst.

c) In der Klasse 2 a mögen mehr Kinder Erdbeeren als in beiden anderen Klassen zusammen.

d) In jeder Klasse sind Äpfel das Lieblingsobst.

e) Für die meisten Kinder sind Äpfel das Lieblingsobst.

Seite 41 Aufgabe 3

a) stimmt b) ...

4 Du kannst in deiner Klasse eine Umfrage zum Thema Lieblingsobst machen. Überlege, wie du die Ergebnisse darstellen möchtest.

Seite 41 Aufgabe 4

...

* entnehmen relevante Daten und Informationen aus Schaubildern
* sammeln und vergleichen Daten aus ihrer unmittelbaren Lebenswirklichkeit und stellen sie dar
* übertragen eine Darstellung in eine andere

1 Lies die Besucherzahlen im Schaubild ab und beantworte die Fragen.

a) Wie viele Besucher sind am Dienstag ins Museum gekommen?

b) Wie viele Besucher sind am Freitag ins Museum gekommen?

c) An welchem Tag war das Museum geschlossen?

d) An welchem Tag sind die meisten Besucher gekommen?

e) An welchem Tag sind die wenigsten Besucher gekommen?

f) An welchem Tag sind doppelt so viele Besucher gekommen wie am Mittwoch?

g) Wie viele Besucher sind am Wochenende gekommen?

Seite 42 Aufgabe 1
a) Am Dienstag sind 32 Besucher gekommen.
b) ...

2 Stelle die Besucherzahlen der vorigen Woche in einem Schaubild dar.

Besucherzahlen im Museum	
Montag	
Dienstag	24
Mittwoch	31
Donnerstag	58
Freitag	37
Samstag	50
Sonntag	32

Seite 42 Aufgabe 2

Montag	
Dienstag	
Mittwoch	*...*
⋮	

★ entnehmen relevante Daten und Informationen aus Schaubildern
★ übertragen eine Darstellung in eine andere

1 Aus den Bauklötzen kannst du verschiedene kleine Häuser zusammensetzen.

a) Zeichne alle Möglichkeiten auf.

b) Übertrage die Tabelle in dein Heft. Trage alle Möglichkeiten ein.

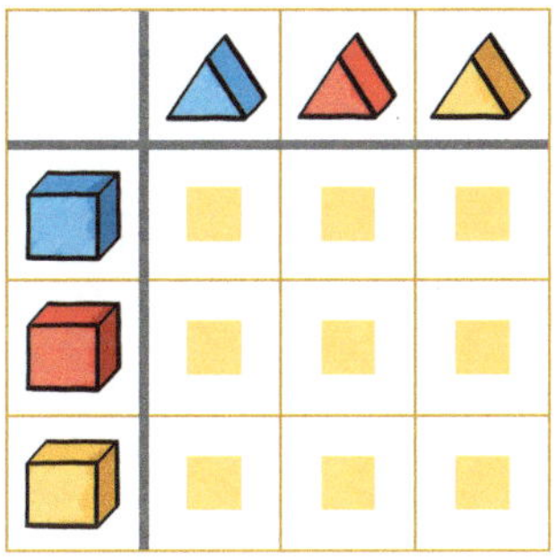

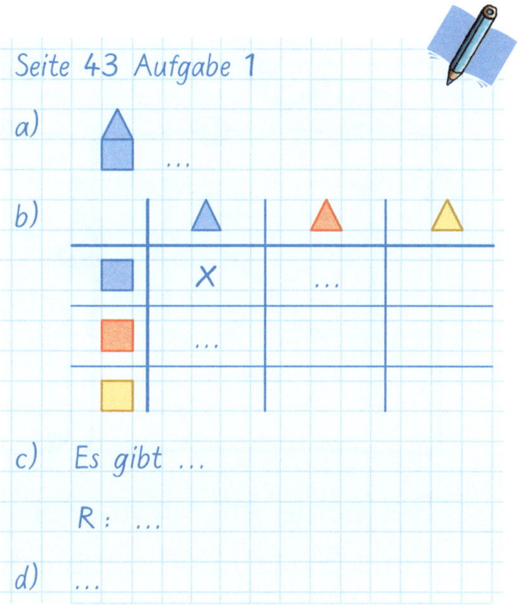

c) Bestimme die Anzahl der Möglichkeiten und schreibe sie auf. Finde eine passende Rechnung.

d) Das Dach soll immer eine andere Farbe als der Würfel haben. Bestimme die Anzahl der Möglichkeiten. Die Tabelle hilft dir.

2 Bestimme, welche Häuser du aus diesen Bauklötzen zusammensetzen kannst.

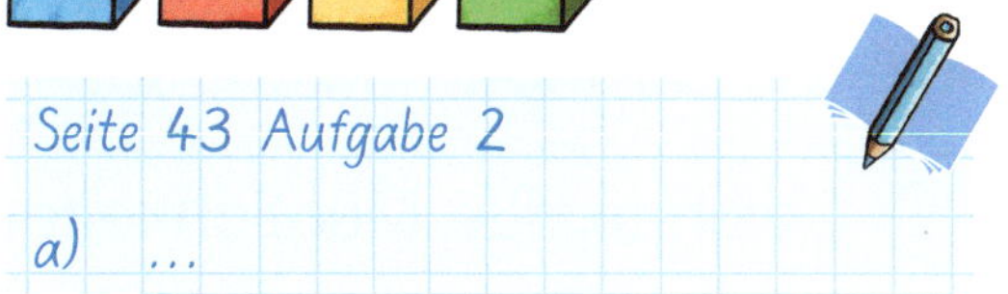

a) Zeichne alle Möglichkeiten oder schreibe in einer Tabelle alle Möglichkeiten auf.

b) Bestimme die Anzahl der Möglichkeiten. Du kannst auch rechnen.

* bestimmen die Anzahl verschiedener Möglichkeiten bei einfachen kombinatorischen Aufgabenstellungen
* notieren Ergebnisse kombinatorischer Aufgabenstellungen in unterschiedlicher Weise
* übertragen eine Darstellung in eine andere

→ AH Seite 63

Alle Möglichkeiten finden und notieren – Händе schütteln

1 Suche dir drei andere Kinder. Begrüßt euch gegenseitig mit Hände-schütteln. Bestimmt, wie oft ihr Hände schütteln müsst, bis sich alle begrüßt haben.

2 Die 4 Kinder Tim, Lea, Maja und Paul haben sich gegenseitig begrüßt. Tim hat eine Skizze gemacht. Lea hat eine Tabelle angelegt.

	Tim	Lea	Maja	Paul
Tim		x	x	x
Lea			x	x
Maja				x
Paul				

a) Betrachte mit einem Partner Tims Skizze und Leas Tabelle. Besprecht, was euch auffällt.

b) Übertrage Tims Skizze oder Leas Tabelle in dein Heft.

c) Bestimme die Anzahl der Möglichkeiten und schreibe sie auf. Finde eine passende Rechnung.

Seite 44 Aufgabe 2
b) ...
c) Es gibt ...
R: ...

3 Die 5 Kinder Max, Lisa, Julia, Meral und Tobi begrüßen sich.

a) Zeichne alle Möglichkeiten oder schreibe in einer Tabelle alle Möglichkeiten auf.

Seite 44 Aufgabe 3
a) ...

b) Bestimme die Anzahl der Möglichkeiten. Du kannst auch rechnen.

* bestimmen die Anzahl verschiedener Möglichkeiten bei kombinatorischen Aufgabenstellungen mit anderen
* notieren Ergebnisse kombinatorischer Aufgabenstellungen in unterschiedlicher Weise
* bearbeiten Aufgabenstellungen gemeinsam und setzen eigene und fremde Standpunkte in Beziehung

1 Bestimme, wie die Kinder sitzen können.

a) Schreibe alle Möglichkeiten auf, wie Lea, Janek und Anne sitzen können.

b) Bestimme, wie Lea, Janek und Anne sitzen können, wenn Lea und Anne nicht nebeneinandersitzen möchten.

c) Tim (T) kommt noch dazu. Schreibe alle Möglichkeiten auf, wie Lea, Janek, Anne und Tim sitzen können.

d) Anne und Lea möchten unbedingt nebeneinandersitzen. Bestimme, wie Anne, Lea, Janek und Tim dann sitzen können.

e) Janek und Tim möchten unbedingt am Rand sitzen. Bestimme, wie Janek, Tim, Anne und Lea dann sitzen können.

2 Lea, Janek und Anne wollen sich an einen runden Tisch setzen.

a) Überlege, wie viele Möglichkeiten sie haben.

b) Zeichne alle Möglichkeiten auf. Überprüfe dein Ergebnis aus a).

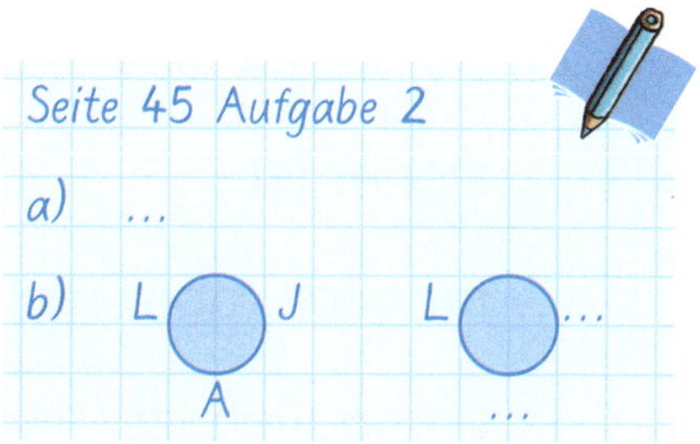

* probieren zunehmend systematisch und zielorientiert
* übertragen Vorgehensweisen auf ähnliche Sachverhalte
* notieren Ergebnisse kombinatorischer Aufgabenstellungen in unterschiedlicher Weise

Aussagen bewerten

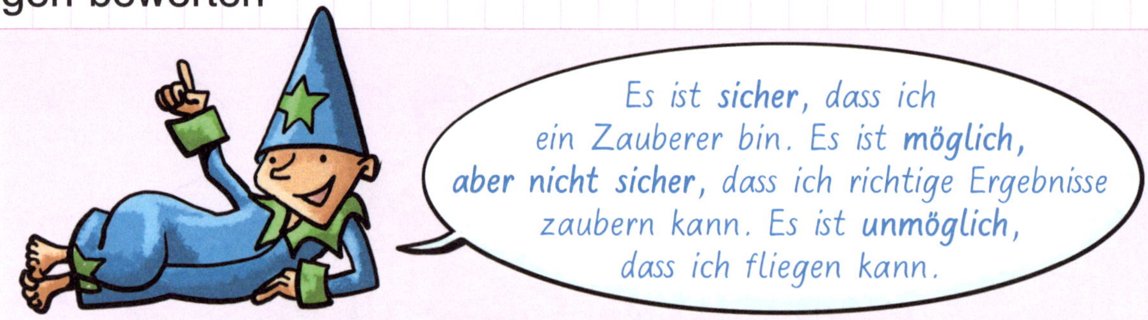

sicher | möglich | unmöglich

1 Schreibe zu jeder Aussage, ob sie sicher oder unmöglich ist.

a) Alle Dreiecke haben drei Ecken.

b) Silvester ist am 31. Dezember.

c) Mein Vater ist jünger als ich.

d) Jeden Morgen geht die Sonne auf.

e) Weihnachten ist im August.

f) Nach Sonntag kommt Montag.

Seite 46 Aufgabe 1
a) sicher b) ...

2 Schreibe zu jeder Aussage, ob sie sicher, möglich oder unmöglich ist.

a) Wenn ich dreimal würfle, bekomme ich eine Sechs.

b) Alle Rechtecke haben 4 Seiten.

c) Auf dem Schulweg sieht Lisa ein rotes Auto.

d) Jeder Tag hat 24 Stunden.

e) Morgen scheint die Sonne.

f) Tim springt beim Weitsprung 10 m weit.

Seite 46 Aufgabe 2
a) möglich b) ...

3 Finde selbst eine Aussage, die …

a) … sicher ist.

b) … möglich, aber nicht sicher ist.

c) … unmöglich ist.

Seite 46 Aufgabe 3
a) ...

* beschreiben die Wahrscheinlichkeit von einfachen Aussagen und Ereignissen
* finden zu vorgegebenen Wahrscheinlichkeiten treffende Ereignisse
* verwenden die Grundbegriffe „sicher“, „möglich“ und „unmöglich“

Wahrscheinlichkeit von Handlungsergebnissen überlegen

1 Meral nimmt mit verbundenen Augen 4 Gummibärchen vom Teller. Schreibe auf, ob die Aussage sicher, möglich, aber nicht sicher oder unmöglich ist.

sicher | möglich | unmöglich

a) Drei Gummibärchen sind rot und eins ist gelb.

b) Alle vier Gummibärchen sind gelb.

c) Alle vier Gummibärchen sind rot.

d) Zwei Gummibärchen sind rot und zwei sind gelb.

e) Drei Gummibärchen sind gelb und eins ist rot.

f) Mindestens ein Gummibärchen ist gelb.

Seite 47 Aufgabe 1
a) möglich b) ...

2 Wie viele Gummibärchen muss Meral mindestens vom Teller nehmen, damit sie sicher ein gelbes bekommt?

Seite 47 Aufgabe 2
...

3 Jetzt nimmt Meral vier Gummibärchen von diesem Teller. Finde selbst eine Aussage, die …

a) … sicher ist.

b) … möglich, aber nicht sicher ist.

c) … unmöglich ist.

Seite 47 Aufgabe 3
a) ...

* beschreiben die Wahrscheinlichkeit von vorgegebenen Ereignissen
* übertragen Vorgehensweisen auf ähnliche Sachverhalte
* finden zu vorgegebenen Wahrscheinlichkeiten treffende Ereignisse

→ AH Seite 64

Aussagen zuordnen

1 Janek nimmt mit verbundenen Augen 1 Gummibärchen von einem Teller. Gib den Buchstaben des Tellers an, von dem Janek das Gummibärchen nehmen muss, damit die Aussage stimmt.
Besprich deine Antwort mit einem anderen Kind und begründe deine Meinung.

a) Es ist wahrscheinlich, dass er ein gelbes Gummibärchen erhält.

Seite 48 Aufgabe 1
a) ... b) ...

b) Es ist unwahrscheinlich, dass er ein rotes Gummibärchen erhält.

c) Es ist unwahrscheinlich, dass er ein gelbes Gummibärchen erhält.

2 Bestimme, von welchem Teller die Kinder ein Gummibärchen nehmen müssen, um ihr Wunsch-Gummibärchen zu bekommen.

Seite 48 Aufgabe 2
Tim ...

3 Schätze, wie viele rote Gummibärchen in einer Packung sind. Sammle die nötigen Informationen. Schreibe die Informationen, die Rechenschritte und die Antwort auf. Besprich mit einem anderen Kind wie du vorgegangen bist und welche Ergebnisse du herausgefunden hast.

Seite 48 Aufgabe 3
...

* ordnen beschriebenen Wahrscheinlichkeiten passende Situationen zu
* verwende die Begriffe „wahrscheinlich“ und „unwahrscheinlich“
* finden mathematische Lösungen zu Sachsituationen